Преображение СВЯТЫМ ДУХОМ

7 ПРИЗНАКОВ ТОГО, ЧТО ВЫ МЕНЯЕТЕСЬ ИЗНУТРИ... ИЛИ НЕТ

ВЛАДИМИР САВЧУК

ОГЛАВЛЕНИЕ

ОТНОШЕНИЯ ДОЛЖНЫ ВЕСТИ К БЛИЗОСТИ

Все христиане имеют отношения со Святым Духом, но не все могут сказать, что обладают близостью с Ним.

Существует разница между отношениями и близостью. Мы можем иметь отношения с друзьями и членами семьи, однако близость возникает только в супружестве. Отношения со Святым Духом начинаются через спасение, но близость приходит лишь тогда, когда мы полностью вверяем Ему свою жизнь.

Чтобы ходить в Святом Духе, необходимо общаться с Ним. Чтобы по-настоящему узнать человека, нужно проводить с ним много времени и активно общаться. На первых свиданиях люди не спешат сразу делиться всеми своими проблемами, не давая при этом другому человеку возможности выразиться. К сожалению, именно так чаще всего выглядят наши отношения со Святым Духом. Если бы мы вели себя на романтическом свидании так, как ведем себя со Святым Духом, у нас точно не было бы второго свидания! И все же мы часто обращаемся с Ним так, как будто это совершенно нормально, а ведь Он есть Бог! Не стоит удивляться, что наше хождение со Святым Духом не улучшается, если мы не готовы посвятить время и усилия на развитие дружбы с Ним.

Все христиане имеют отношения со Святым Духом, но не все могут сказать, что находятся в близости с Ним.

Первая книга Царств, 11-я глава, описывает первую победу, которую одержал недавно помазанный царь Саул. Библия ярко показывает, насколько смелым и решительным был Саул, когда на него снизошло помазание Святого Духа.

Один из израильских городов подвергся нападению, и горожане отправили весть в другие израильские города с просьбой о помощи. Саул исполнился Святого Духа и в порыве гнева рассек своих волов на части, заявив, что так же поступит с волами всех израильтян, которые не выйдут на битву с врагом. Страх Божий (а не страх перед Саулом) охватил народ, и все люди в едином порыве явились на битву.

История Саула начиналась очень хорошо. Он, занимаясь делами отца, искал заблудившихся ослиц. Он не искал царства или титула — это судьба нашла его, когда он был занят поисками потерянных ослиц. Когда мы посвящаем себя делам нашего Небесного Отца, наше предназначение находит нас. Когда мы ищем потерянные души, мы не упустим своего Божественного призвания.

Когда мы посвящаем себя делам нашего Небесного Отца, наше предназначение находит нас.

Еще в подростковом возрасте Саул носил в своем сердце призвание возглавить царство. Это желание было вложено в него Богом. Когда Саул встретился с пророком Самуилом, чтобы расспросить о потерявшихся ослицах, то Самуил сказал, что на следующий день откроет ему, что у него на сердце, однако заверил, что ослицы уже найдены (см.: 1 Царств 9:19-20). В тот момент в мыслях Саула были ослы, но в его сердце было призвание. Пророк Самуил сразу же сообщил ему об ослах, однако подождал до следующего дня, чтобы говорить о Божьем призвании для Саула.

Часто, когда Бог вкладывает мечту в наше сердце — иногда что-то невероятное или очень смелое, — мы боимся признать, что эти мечты реальны. Но у Бога есть способ извлечь эти мечты из глубины сердца и сделать их реальностью. Настоящее пророческое служение не просто показывает нам наши недостатки — оно показывает нам наше предназначение. Пророк Самуил раскрыл то, что было в сердце Саула, и его призвание стать царем Израиля было подтверждено помазанием Святого Духа. Дух Божий сошел на Саула, чтобы дать ему силу исполнить Божью волю для своей жизни.

Ваше призвание требует помазания. Призвание невозможно исполнить без помазания. Саул не был призван быть проповедником или лидером поклонения — он был призван быть царем; и для этого требовалось помазание. Бог дает помазание Святого Духа тем, чья задача превосходит их возможности. Когда Бог дает вам мечту, которая кажется не просто трудной, а невозможной, Он снабдит вас необходимыми инструментами для ее осуществления. Бог говорит: «...не воинством и не силою, но Духом Моим...» (Захарии 4:6).

Давайте рассмотрим несколько преимуществ хождения в согласии со Святым Духом, а затем сравним их с тем, что происходит, когда помазание перестает влиять на вашу жизнь. Царь Саул — прекрасный тому пример.

ПРИЗНАК 1.
МЫ БУДЕМ АТАКОВАТЬ ВРАГА, А НЕ СОГЛАШАТЬСЯ С НИМ

Когда аммонитяне подошли к израильскому городу Иавис в Галааде, жители Иависа пришли в ужас и предложили врагам заключить договор, согласившись служить им. Однако Наас, предводитель вражеской армии, выдвинул им жесткое условие: он примет соглашение только в том случае, если выколет правый глаз каждому жителю города, тем самым навлекая позор на Израиль. Когда весть об этом дошла до только что помазанного царя Израиля, его охватил сильный гнев. Не имея опыта ведения войны, Саул взял свою упряжку волов, разрубил их на части и разослал послание по всему Израилю: «Кто не придет сражаться вместе со своими братьями, у тех волы тоже будут изрублены». Это был брутальный поступок, граничивший почти что с безрассудством. Однако в Писании сказано, что Саул поступил так, когда на него сошел Святой Дух, и *«сильно воспламенился гнев его»* (1 Царств 11:6).

Саул, пока находился под помазанием Святого Духа, не заключал завета с врагом. Однако спустя несколько лет, утратив помазание, он согласился на условия Голиафа, позволяя одной битве определить исход войны.

Когда Саул только начал царствовать, он не полагался на свои способности, — он полностью полагался на Святого Духа. Это было очевидным, еще когда израильтяне пошли провозгласить его своим царем и нашли прячущимся в обозе (см.: 1 Царств 10). Саул чувствовал свою неподготовленность и понимал, что ему нужно полагаться на Божью помощь, а не на собственные усилия или мнения людей.

Однако со временем гордость овладела Саулом. Он стал все более самоуверенным и начал все больше заботиться о том, что думают о нем люди, чем о том, что думает о нем Бог. Это привело к утрате помазания.

А когда помазание Духа было удалено из его жизни, его прежняя храбрость и готовность сражаться с врагом сменились трусостью. Вместо того чтобы атаковать врага, Саул пошел с ним на соглашение. Когда Святой Дух покинул Саула, он согласился с требованиями Голиафа.

Враг не победит вас, пока не обезоружит вас ложью.

Интересно, что Саул не должен был даже воспринимать всерьез угрозы и требования Голиафа. Во-первых, потому что в намерения Бога вовсе не входило, чтобы эта война стала демонстрацией геройства одного человека. Бог непременно хотел, чтобы сражалась целая армия, а не просто один супергерой. Во-вторых, исход войны не определяет одна битва. Однако Саул согласился на условия врага, такое часто происходит, когда вы не ходите в Святом Духе, — вы раз за разом соглашаетесь с врагом.

То, на чем вы фокусируете внимание, в конечном счете начнет контролировать вас.

Соглашаясь с чем-то, вы тем самым утверждаете свою веру в этом, а то, во что вы верите, в конечном счете будет определять направление вашей жизни. Речь идет не о том, что вы думаете или говорите, но о глубоко укоренившихся убеждениях, которые хранятся в вашем сердце и разуме. Если вы пришли к выводу, что ваша жизнь не имеет смысла, что вы ничего не стоите и что Бог совершил ошибку, вы начнете действовать в соответствии с этими ложными предположениями, даже если они не соответствуют действительности. Если вы поверили в ложь, то будете вести себя так, словно это непреложная истина. То, на чем вы фокусируетесь, в результате получит контроль над вами. Не отождествляйте себя со своей болью, с прошлой жизнью, грехом или болезнью. Вы — возрожденный верующий во Христа. Вы новое творение, вы прощены, праведны и исцелены во Христе. Так и живите! Не принимайте на себя коварную ложь дьявола!

Когда вы не пребываете в единстве со Святым Духом, вы позволяете проблемам стать вашей идентичностью. То, чем вы искушаетесь, начинает определять, кем вы себя считаете. Враг не победит вас, пока не обезоружит ложью, иллюзиями или фантазиями. Демоны стремятся привести вас к признанию собственного поражения. И если вы соглашаетесь с ними, то позволяете дьяволу действовать. На кресте Иисус уже победил сатану, но если вы соглашаетесь с ложью дьявола, вы наделяете его силой против вас. Если он говорит, что вы никчемны, побеждены, уродливы или ни на что не годны, — это речь Голиафа. Не соглашайтесь с ним! Разрушьте его ложь истиной! Если вы соглашаетесь с врагом, он всегда будет приносить в вашу жизнь унижение и поражение.

**Когда вы не ходите
в единстве со Святым Духом,
то позволяете проблемам
становиться вашей
идентичностью.**

Когда Иисус Навин вошел в землю обетованную, гаваонитяне обманули его, притворившись посланниками из далекой страны, и завлекли его подписать с ними договор. Иисус Навин, не попросив у Бога водительства, принял поспешное и неразумное решение. Он поверил тому, что видели его глаза, и пошел на соглашение. Хотя Иисус Навин был помазан, чтобы победить гаваонитян, но вместо этого заключил с ними союз, потому что был обманут своими чувствами (см.: Иисуса Навина 9).

Сатана — мастер обмана. Он использует физические обстоятельства, чтобы манипулировать нашими чувствами и заставить нас согласиться там, где Бог хочет нашей победы. Еще не успев понять истину, мы подчиняемся и соглашаемся с нашей болезнью, грехом или бедностью. Это выглядит так: мы начинаем считать проблемы частью себя и отождествлять себя с ними. «Я больной человек», — можете сказать вы. Нет, мой друг, вы не больны — вы здоровый человек, борющийся с болезнью. Вы не бедный — вы благословенный человек, борющийся с бедностью. Вы не грешник — вы праведник, который противостоит греху. Принятие своих грехов, зависимостей, болезней или бедности — это не ваша личность и идентичность, а ваш враг.

Через Святого Духа вы получаете силу, чтобы отделить свою личность от проблемы, а затем атаковать врага. Без Святого Духа у вас нет силы разобраться со своими слабостями и проблемами. Вы будете только усиливать то, с чем согласились. Давайте же соглашаться с Божьим Словом и Святым Духом. Давайте примем истину и отвергнем всякую ложь, которой когда-то поверили.

ПРИЗНАК 2.
МЫ БУДЕМ ПРИВЛЕКАТЬ ПОМАЗАНИЕ, А НЕ АТАКОВАТЬ ЕГО

Помазание — это переполнение Божьей жизни в нас; как чаша, наполненная до краев, из которой Божья жизнь начинает проливаться. Когда мы ходим в Святом Духе, Он наполняет нашу жизнь так, что это начинает распространяться на окружающих. Помазание — это результат хождения в близком общении с Ним.

Помазание — это переполнение Божьей жизни в нас.

Саул не искал Божьей силы, помазание искало его, когда он оставался в единстве с Духом Божьим. Именно это помазание позволило ему сокрушить иго аммонитян (см.: 1 Царств 11). Но когда Саул стал горделиво упорствовать в своем непослушании Господу, помазание оставило его, и он продолжал воевать — только не с врагами, а начал нападать на помазанников Божьих. Сначала он привлекал Божье помазание через смирение и послушание, но потом стал атаковать его, завидуя тем, кто ходил в Божьем присутствии. Последующие годы его жизни стали борьбой с Давидом, который был тем, кем Саул когда-то был — человеком, исполненным и ведомым Святым Духом.

Явный признак того, что человек не ходит в Святом Духе, — это когда он начинает нападать на других верующих. Есть те, кто создает движение пробуждения, и те, кто критикует его. Те, кто всегда ищет недостатки в движении Святого Духа, как правило, не создают ничего подобного. Если мы начинаем критиковать Божью работу и проявления Его Духа в других, то велика вероятность того, что такой работы в нашей жизни нет. Если бы наша жизнь была наполнена Его Духом, мы бы занимались Божьими делами, трудились в согласии с другими, а не нападали на них.

Давид не нападал на Саула; он оберегал свое помазание. Саул же, утратив помазание, начал преследовать Давида. Все Божьи служители, упоминаемые в Писании, имели свои слабости и недостатки. Точно так же и те, кого Бог использует сегодня, далеки от совершенства. Когда мы почитаем Святого Духа в человеке, это не означает, что мы игнорируем его человеческую природу и закрываем глаза на его недостатки. Но когда нашей миссией становится уничтожать других просто потому, что мы не согласны с их подходом или завидуем Божьему благоволению на них, обвиняем их в ереси лишь потому, что не согласны с проявлениями в их служении, нам нужно заглянуть поглубже в собственное сердце. Не отошло ли от нас драгоценное присутствие Святого Духа? Друзья, мы можем не соглашаться с кем-то, при этом не пытаясь уничтожить их. Мы, верующие, следующие за Иисусом, исполненные Духа, — мы все в одной команде! Когда мы нападаем на тех, кого использует Господь, то не только упускаем Божье помазание в своей жизни, но и рискуем огорчить или даже похулить Святого Духа.

Тема хулы на Святого Духа остается камнем преткновения для большинства верующих. Давайте изучим следующий отрывок Священного Писания для лучшего понимания, чтобы нам не поддаться вражескому искушению говорить что-то недоброе о Святом Духе. Иисус говорит так:

Посему говорю вам: всякий грех и хула простятся человекам, а хула на Духа не простится человекам; если кто скажет слово на Сына Человеческого, простится ему; если же кто скажет на Духа Святого, не простится ему ни в сем веке, ни в будущем.

Матфея 12:31-32

Почему Иисус говорит о хуле на Святого Духа? Из предыдущего стиха мы узнаем интересный момент, когда Иисус исцеляет немого и слепого человека, изгоняя из него беса. Религиозные фарисеи не замедлили сделать из этого свои выводы и стали заявлять, что Иисус изгоняет бесов силой дьявола. Религиозные фарисей, увидев это чудо, начинают обвинять Иисуса, заявляя, что Он изгоняет бесов силой дьявола. Иисус отвечает на это предупреждением: Он говорит, что хула на Святого Духа не будет прощена. Из контекста становится ясно, что, похулить Святого Духа означает приписывать Божьи чудеса, особенно изгнание злых духов, силе сатаны.

В Евангелии от Марка 3:22-30 мы читаем, как фарисеи обвиняют Иисуса в том, что Он изгоняет демонов силой Вельзевула, князя бесовского. Однако Иисус объясняет им, что дьявол не может разделиться сам с собой. У дьявола есть свой порядок, и единственная причина, почему бесы были изгнаны, — это потому, что зримо проявляет Царство Божье через Святого Духа. Далее Иисус заявил, что хула на Святого Духа — это приписывание Его дел сатане.

...но кто будет хулить Духа Святого, тому не будет прощения вовек, но подлежит он вечному осуждению.

Марка 3:29

Итак, тема богохульства была поднята в ответ на обвинения Иисуса в том, что Он действует силой дьявола, и, в частности, за изгнание бесов. Похожие случаи описаны в Евангелии от Луки, в главах 11 и 12. Обратите внимание, что фарисеи не говорили ничего против Святого Духа; они приписывали экзорцизм и исцеление бесноватого силе дьявола — при этом очевидно, что эти чудеса явно происходили силой Святого Духа! Если рассмотреть контекст, то можно увидеть, что хула на Святого Духа относится не столько к тому, что мы можем сказать против Него, сколько к тому, что мы говорим о Его делах.

Будьте осторожны, рассуждая о чудесах, особенно об освобождениях, совершенных христианскими служителями, даже если вы имеете что-то против. Конечно, бывают ложные чудеса, ложные пророки, фальшивые проявления сверхъестественного. На все настоящее найдется подделка. Дьявол — подражатель, он копирует и имитирует истинное. В отличие от него, Бог — Творец. Искушая Иисуса в пустыне, сатана перекручивал смысл Писания, но Иисус дал ему отпор и именно словами Писания. Если сатана искажает смысл Писания, это вовсе не означает, что нам следует избегать Писания. Колдуны в Египте могли творить чудеса силой магии и демонов, но Моисей не пытался убедить фараона своими речами; вместо слов Моисей явил силу Божью.

Сегодня у каждого есть свое мнение обо всем, и это нормально. Но обвинять людей в еретичестве или приписывать дьяволу чудеса и освобождения, происходящие в служениях других, — это граничит с богохульством. Да, есть чудеса, которые творят колдуны, есть пророчества от экстрасенсов, различные увлечения ангелами и энергиями в разных культах нью-эйдж. Однако все это не должно приводить к тому, что мы начнем избегать настоящей силы Святого Духа и Его чудесных проявлений. Иисус действовал вне религиозных норм, нарушая многие религиозные правила и традиции того времени. В результате фарисеи называли Его деяния беснованием. Когда они не могли опровергнуть подлинность чудес, они обвинили Его в том, что Он совершает их демонической силой.

Фарисеи наших дней точно такие же: они прославляют Моисея и религию дней минувших, дискредитируют Христа и Его действия сегодня. Другими словами, они говорят о движении пробуждения в прошлых лет, но атакуют сверхъестественное проявление Божьей силы сегодня. Как результат, они имеют вид благочестия, силы же Его отрекшиеся. Это огорчает Святого Духа.

Да, служители Божьи, как и все люди, имеют свои слабости и недостатки, мы не вправе называть всех еретиками. Мы не можем утверждать, что источник проявлений, происходящих в их служениях, — сатана. Служители Божьи подобны перчатке, в которых действует рука Божья (см.: Судей 6:34). Перчатки стареют, пачкаются и изнашиваются, но рука в них остается прежней. Люди, которых Бог использовал на протяжении всей истории, имели свои слабости и изъяны, —

как и те же перчатки, которые изнашиваются в вашем хозяйстве. Но они оставались лучшими инструментами для исполнения Божьей воли в свое время.

Вот поэтому мы до сих пор читаем истории этих небезупречных людей, использованных Богом, несмотря на их несовершенства. Я предпочел бы, чтобы Ной не напивался, Моисей не убивал, Давид не прелюбодействовал, а Соломон не занимался идолопоклонством. Но, несмотря на их ошибки и недостатки, Святой Дух продолжал действовать через них. Мы часто читаем об их подвигах веры.

Если вы нападаете на Божьи чудеса и проявления, вы не привлечете их в свою жизнь, потому что такое отношение огорчает Святого Духа. И если вы продолжаете так поступать — это явное свидетельство того, что вы не пребываете в Святом Духе.

Если вы нападаете на Божьи чудеса, вы не привлечете их в свою жизнь, потому что такое отношение огорчает Святого Духа.

Если же чувствуете, что по своему неведению похулили Святого Духа, для вас есть Его милосердие. Я знаю многих людей, которые раньше смотрели на освобождения и говорили, что это фальшивка, демонизм или инсценировка, по крайней мере пока что-то подобное не случилось с ними самими или же освобождение понадобилось их ребенку. Ко мне приходили родители, которые, раскаиваясь, признавались, что называли нашу церковь демонической, но все изменилось, когда их детей начали переживать демонические атаки и нуждались в освобождении. Эти семьи искали помощи, и мы молились за их ситуации.

Обычно негативные комментарии исходят от невежества. Все мы по глупости говорим вещи, которые могут огорчить Святого Духа. К счастью, Бог милосерднее, чем мы думаем. Павел, прежде чем стать одним из величайших апостолов, отвергал Христа и гнал церковь из-за своего невежества и неверия.

...меня, который прежде был хулитель и гонитель и обидчик, но помилован

потому, что так поступал по неведению, в неверии...

1 Тимофею 1:13

Вы обратили внимание на слово «хулитель»? Апостол Павел был одним из тех фарисеев, которые по неведению богохульствовали. Но после встречи с Иисусом он осознал, что совершенно не понимал, что делал. Божья благодать открыла ему глаза, он покаялся, уверовав в Иисуса. Вместо отступничества Павел принял апостольство. Если мы по незнанию произносили слова, противоречащие Святому Духу, или критиковали Его проявления, для нас все еще есть надежда! Безграничная Божья благодать больше нашего греха. Мы должны покаяться, принять Его милость и, как учил Иисус, «идти и больше не грешить».

Теперь давайте вернемся к истории Саула. Он стал преследовать Давида после того, как утратил связь со Святым Духом. Саул потерял помазание атаковать настоящего врага; вместо этого сделал своим врагом человека, которого избрал Бог. Он убедил себя и других, что Давид — предатель, хотя на самом деле Саул просто жил без Духа Божьего.

ПРИЗНАК 3.
МЫ БУДЕМ СМЕЛЫМИ,
А НЕ БОЯЗЛИВЫМИ

Когда Саул пребывал в Святом Духе, он был полон отваги, готовый действовать с решимостью и смелостью. Он даже убил своих волов, тем самым сделал очень сильный посыл народу Израиля. Саул был решительным, смелым и отважным. Но когда Святой Дух оставил Саула из-за его непослушания, ситуация изменилась. Когда это случилось, он вел себя как напуганный параноик, и эта трусость стала проявляться в его поступках (см.: 1 Царств 16:14).

Когда мы наполнены Святым Духом и полностью преданы Ему, мы исполняемся смелостью. Однако, когда мы наполнены своим я, то держимся баланса: мы начинаем избегать рискованных поступков. Люди, живущие посредственной жизнью, не меняют ход истории и никак не влияют на окружающий мир. Истинные перемены приносит тот, кто делает шаг веры, кто рискует и дерзает, изменяя мир к лучшему и оставаясь в памяти людей.

**Когда мы наполнены
Святым Духом
и целиком преданы Ему,
то наполняемся смелостью;
но когда мы наполнены
своим я, то боимся
рискованных поступков.**

Я помню, как в моей жизни был период, когда я держался «сбалансированного» подхода в служении, особенно в вопросах исцеления. Мне не хотелось казаться слишком радикальным или ненормальным. Я боялся критики. Я верил в исцеление, но также верил, что Бог не хочет исцелять всех и каждого. И что же? Никто не исцелялся, и меня не критиковали. Но когда я начал сближаться со Святым Духом, Его присутствие стало для меня важнее, чем одобрение людей. Я стал больше сострадать боли людей, нуждающихся в исцелении, чем мнению здоровых. Я заметил, как в моих молитвах, проповедях и учении появилось дерзновение. Это дерзновение привело к мощным проявлениям Божьей силы. Исцеления в нашем служении стали происходить регулярно. Близость со Святым Духом побуждает нас рисковать, и этот риск ведет к награде.

В то время, когда царь Саул осторожничал и ждал сорок дней, пока Голиаф сделает первый шаг, на сцену вышел Давид. Не имея ни военного опыта, ни пророческого слова о сражении с великаном, он смело выступил против Голиафа. У Давида было то, чего лишился Саул, — смелость. Эта смелость не была проявлением глупости или безрассудства. Давид находился в отношениях со Святым Духом, и эти отношения побудили его на смелый шаг. Отношения с Богом всегда ведут к риску, а риск — к награде.

Саул не ценил свои отношения со Святым Духом и поплатился этим. Он утратил смелость, стал «уравновешенным», потерял отвагу и начал осторожничать. Он потерял веру, потому что решил перестраховаться.

Близость со Святым Духом всегда побуждает нас идти на риск, и именно этот риск ведет к награде.

Давайте сосредоточиваться на Святом Духе, а не на факторе риска. Если вы пытаетесь подражать кому-то, кто ходит в силе Духа, не развивая свои собственные отношения с Ним, то вы не научитесь делать шаг веры и рисковать. Или, подражая кому-то, можно стать безрассудным, такое безрассудство приведет лишь к разрушению.

Вспомните, как вскоре после выхода из Египта Израиль отказался пойти и овладеть землей обетованной. Бог разгневался на них и сказал, что никто из того поколения не войдет в землю обетованную, кроме двух отважных разведчиков. Услышав это, израильтяне стали безрассудными и пошли вперед, при этом не имея надлежащих отношений с

Богом и Его водительства. Они не искали воли Господа и вступили в бой, что привело к поражению и избиению от врагов (см.: Числа 14). Без отношений со Святым Духом наши усилия проявить смелость — это лишь безрассудство, которое в конечном итоге приведет к разрушению.

Когда вы слышите о чьих-то подвигах веры, радуйтесь и не пытайтесь копировать их действия. Вместо этого подражайте самой вере. Укрепляйте собственную веру. Если вы попытаетесь повторить чужие шаги веры, не имея той же самой веры, которая позволила им совершить невозможное, то потерпите поражение. Например, когда армия египтян решила перейти Красное море, копируя Израиль, они утонули, в то время как Израиль прошел впереди них по суше. Почему? Потому что повторить чужие достижения веры без обладания самой верой, это приведет ни к чему, кроме катастрофы.

Есть разница между риском и безрассудством. Риск рождается из доверительных отношений с Богом, а безрассудство — из порывистого отчаяния, нетерпения и желания доказать свою правоту. Например, за последние шесть лет мы с женой трижды отдавали все свои сбережения, а однажды отдали не только сбережения, но и машины. В итоге мы остались без машины и без денег. Я действительно чувствовал, что Бог побудил меня к этому шагу. Я продолжал развивать свою восприимчивость к Его голосу, медленно, но верно, и уже очень скоро после этой огромной жертвы все в моей жизни и служении изменилось. На самом деле, то, что вы видите сегодня в церкви *Hungry Generation*, стало результатом того огромного шага веры.

Однако хочу вас предостеречь: вам не стоит поступать так же. Главное не в том, чтобы отдать все; главное — иметь близкие отношения со Святым Духом и жить в послушании Ему. Скорее всего, Он побудит вас поступить по-другому. Просто следуйте Его ведению!

В начале 2020 года, еще не зная, что произойдет, я почувствовал совершенно другое водительство: экономить деньги, инвестировать и учить нашу церковь делать то же самое. В 2019 году в начале года мы призывали всех принести финансовую жертву в церковь, но в 2020-м в начале года я сказал прихожанам, что Бог хочет, чтобы мы научились не только отдавать, но и экономить деньги и грамотно инвестировать. Я и не подозревал тогда, что вскоре нам придется столкнуться с *COVID-19*. Я искренне верю, что эти решения были вдохновлены Святым Духом. Нет какой-то определенной формулы, как обрести верное направление; все дело в том, чтобы иметь постоянные отношения со Святым Духом. Эти отношения побудят вас выйти за пределы привычного, из вашей зоны комфорта. Отношения поведут к риску, риск — к награде.

Есть разница между риском и безрассудством. Риск рождается из отношений. Безрассудство рождается из копирования кого-то, попыток что-то доказать, отчаянного поиска решения и нетерпения.

Видя смелость Петра и Иоанна и приметив, что они люди некнижные и простые, они удивлялись; между тем узнавали их, что они были с Иисусом...

Деяния 4:13

Религиозные лидеры заметили в учениках Иисуса, которых бросили в темницу, нечто интересное — смелость. Апостолы действительно были смелыми. Откуда в них взялась эта смелость? Что стало ее источником? Диплом колледжа? Титул и должность? Политические связи? Черты характера? Вовсе нет! Ключ к разгадке смелости Петра и Иоанна раскрыли их критики, когда поняли, что те были с Иисусом (см.: Деяния 4:13). Петр и Иоанн не старались быть смелыми. Они просто были с Иисусом в самых настоящих, глубоких отношениях, и смелость пришла сама собой.

Близкие отношения с Богом — ключ к смелости. Смелость — ключ к чудесам. Тот, кто ведет уравновешенную, расчетливую жизнь, не будет мечтать о том, чтобы выйти вперед и помолиться за чье-то исцеление. Но тот, кто наделен дерзновением, которое дает Святой Дух, выйдет и станет молиться об исцелении и освобождении. С дерзновением пойдет по воде. С дерзновением совершит пожертвование. С дерзновением изгонит бесов. С дерзновением поделится благой вестью с незнакомым человеком. Если вы не сделаете шаг и не рискнете, у вас не будет шансов на успех. Перестаньте осторожничать! Войдите в тайную комнату, развивайте близость со Святым Духом, а затем идите вперед и живите в зоне веры.

Близость со Святым Духом — ключ к смелости. Смелость — ключ к чудесам.

Результат близости со Святым Духом — смелость; без этой близости приходит боязливость, паранойя, страх и паника. Царь Саул стал не просто трусом, он утратил разум. По сути, у него началось психическое расстройство, поскольку он стал подвергаться демоническому угнетению. Мы иногда забываем, что в духовной сфере не существует нейтральной территории. Есть либо свет, либо тьма. Если мы выключаем свет в комнате, нам не нужно приглашать темноту; она приходит без приглашения. Темнота заполняет комнату в тот момент, когда уходит свет. Именно так проявляются тревоги, фобии и беспокойство. Когда свет уходит, тьма заполняет пространство. Когда Святой Дух перестает быть Господом нашей жизни, тьма заполняет пространство в той или иной форме.

Одним из стимулов развития близости со Святым Духом должно быть беспокойство о том, какой была бы жизнь без Него. Если мы будем угашать Святого Духа и отвергнем Его влияние, мы наполнимся тьмой — тревогами, ожиданием бедствий и депрессией. Мы должны постоянно помнить о том, что только в свете Святого Духа наша жизнь наполнена истинным миром, радостью и смелостью.

ПРИЗНАК 4.
МЫ БУДЕМ СЛУЖИТЬ ЛЮДЯМ, А НЕ БОЯТЬСЯ ИХ

Когда Святой Дух сошел на Саула, страх Божий охватил весь народ. Мужественный поступок царя, когда он заколол своих волов и призвал весь Израиль выступить как единое целое, стал мощным сигналом для людей, при этом не испугав их, а пробудив страх Божий. Если бы Саул был жестоким и деспотичным, люди начали бы бояться его. Однако, благодаря смелости царя, вдохновленной Святым Духом, народ почувствовал трепет перед Богом и воодушевление. Люди начали бояться Бога, а не своего предводителя.

Когда люди боятся лидеров, это признак того, что лидеры не ходят в Святом Духе. Святой Дух — это страх Господень, а не страх перед пасторами (см.: Исаии 11:2). Святой Дух побуждает людей ходить в страхе Божьем, а не в страхе человеческом. Однако важно понимать, что иметь страх Божий — это не то же самое, что бояться Бога. Напротив, страх Божий заставляет нас стремиться к Нему и бежать от греха; в то время как боязнь Бога принуждает нас бежать от Него и прятаться.

Страх Господень — это благоговение, почтение, глубокое почитание Господа и восхищение Им. К сожалению, в наши дни многие верующие утверждают, что у них есть отношения с Богом, но не проявляют благоговения к Нему и даже легкомысленно используют Его имя. Небрежное отношение со Святым Духом и потребностью исполняться Им ведет к утрате благоговения и преклонения перед Божьим присутствием.

Когда люди боятся лидеров, это признак того, что лидеры не ходят в Святом Духе. Святой Дух — это страх Господень, а не страх перед пасторами.

После непослушания Саула Дух Божий оставил его. Теперь народ вместо того, чтобы бояться Бога, стал бояться своего царя. И знаете что интересно? Саул тоже стал бояться народа.

И сказал Саул Самуилу: согрешил я, ибо преступил повеление Господа и слово твое; но я боялся народа и послушал голоса их...

1 Царств 15:24

Фактически после непослушания Богу все решения, которые начал принимать Саул, были основаны на его страхе перед людьми и их мнением. Когда Саул был исполнен Святого Духа, то не боялся того, что подумают люди, потому как был сосредоточен на Боге. Но, отведя внимание от Бога, Саул стал зависим от того, что скажут о нем другие. Этот страх перед людьми подтолкнул его к угодничеству, он начал действовать в угоду общественным ожиданиям. Саул утратил фокус на Боге, его приоритеты и цели перестали быть сосредоточены на Господе.

Боязнь пред людьми ставит сеть; а надеющийся на Господа будет безопасен.

Притчи 29:25

Стремясь угодить людям, рано или поздно мы ослушаемся Бога. Когда же мы полностью подчиняемся Богу, мы начинаем служить людям, а не стараться угодить им. Бог призвал нас не угождать людям, а любить их и служить им, — и в этом есть большая разница. Иисус жил не для того, чтобы угодить людям, а только для того, чтобы угодить Своему Отцу. Если мы не наполнены страхом Божьим, то нами будет управлять страх перед людьми. Святой Дух порождает в нас именно страх Божий. Святой Дух не пробуждает в нас страха перед людьми или страха быть отвергнутыми ими. Страх перед людьми не одолевает нас, когда мы исполнены Святого Духа, потому что страх Господень изгоняет всякий страх (см.: 1 Иоанна 4:18). Когда мы ходим в Святом Духе, те, кто следует за нами, будут вдохновлены ходить в страхе Божьем. Если же мы не ходим в Святом Духе, то начнем жить в страхе перед человеком.

Если мы не ходим в Святом Духе, то начнем жить в страхе перед человеком.

Наша потребность в одобрении может исходить только от Бога Отца, а не от человека. Люди могут ошибаться и разочаровывать, но не Бог. Если наша любовь к другим людям основывается исключительно на их природных качествах, она рано или поздно ослабнет и постепенно сойдет на нет. Однако если мы смотрим на них глазами Бога, понимая Его план и предназначение для каждого, наша любовь к ним будет расти и утверждаться сверхъестественным образом. Святой Дух изливает в наши сердца Божью любовь к людям.

...любовь... Божия излилась в наши сердца Духом Святым, данным нам.

Римлянам 5:5

Иисус — наш совершенный пример. Он проявлял любовь и сострадание к людям, но прежде всего Его жизнь была посвящена тому, чтобы угодить Своему Небесному Отцу. Все, что Он делал на земле, было направлено на исполнение воли Отца, а не угождение людям. Многим людям хотелось сделать Его царем. Другие уговаривали Его не соглашаться на жестокое распятие и не умирать на кресте. Молитва Иисуса в Гефсиманском саду не звучала так: «Отче, Мне не терпится умереть за этих человеков, потому что Я их так сильно люблю». Иисус был Богом, но Он также был полностью человеком, и, как человек, Он не хотел страдать и умирать на кресте. Его молитва была: *«Отче! о, если бы Ты благоволил пронести чашу сию мимо Меня! впрочем, не Моя воля, но Твоя да будет»* (Луки 22:42).

Именно Божья любовь послала Иисуса на крест: *«В том любовь, что не мы возлюбили Бога, но Он возлюбил нас и послал Сына Своего в умилостивление [замену] за грехи наши»* (1 Иоанна 4:10). Я не говорю, что Иисус не любил нас, но прежде всего Он любил Своего Отца и стремился угодить Ему. Мы должны иметь такое же отношение и мотивацию — стремление угодить Богу, и тогда Бог сделает так, что мы сможем любить людей сверхъестественным образом. Однако если наши поступки продиктованы желанием угодить людям, мы начнем бояться их мнений и окажемся в плену раздражения и обид.

Жизнь в полноте Святого Духа заключается в том, что страх Божий избавляет нас от страха перед людьми. Вместо того чтобы бояться людей, мы начнем любить их, служить им, ценить и вести за собой.

ПРИЗНАК 5.

МЫ БУДЕМ РАБОТАТЬ В ЕДИНСТВЕ С ВЛАСТЯМИ, А НЕ ПРЕБЫВАТЬ В ПОСТОЯННОМ КОНФЛИКТЕ С НИМИ

Когда Святой Дух сошел на Саула, он выступил на войну вместе с пророком Самуилом, послав народу Израиля следующее послание: «...*так будет поступлено с волами того, кто не пойдет вслед Саула и Самуила...*» (1 Царств 11:7). Царь действовал в единстве с пророком, и их отношения были крепкими, пока Саул ходил в Святом Духе. Однако, когда Саул стал проявлять непослушание перед Господом, это сильно огорчило Самуила и стало причиной напряженности в их отношениях. У Саула начались проблемы с почтением власти.

Мы не сможем одновременно и ходить в помазании, и непочтительно относиться ко власти. Сравните Давида и Саула — Давид, будучи помазанным и исполненным Святого Духа, покорно выполнял поручения отца, который послал его доставить еду своим братьям на поле боя. Он не шел сражаться с Голиафом — он отправился выполнять поручение отца. Прибыв на место, Давид услышал, как гигант насмехается над всемогущим именем Бога, после чего попросил у Саула разрешения сразиться с Голиафом. Давид уважал власть Саула, несмотря на все её недостатки. Он проявлял почтение и, даже будучи исполненным Божьей силы, просил у Саула разрешения выступить против Голиафа.

Когда Давид прославился в Израиле, он имел не одну возможность расправиться с Саулом, но, несмотря на все оскорбления и преследования, не поднял на него руку. Саул был помазан пророком Самуилом. Давид тоже был помазан и имел призвание, которое должен был исполнить, однако Саул превратил его жизнь в сущий ад. Однажды Давид тихо, под покровом темноты, отрезал край одежд Саула, чтобы показать, что не собирается причинять ему вреда. Но даже этот поступок — отрезать ткань от одежды Саула — ранил сердце Давида. Давид почитал власть, даже когда власть не почитала его. Это признак жизни, наполненной Святым Духом.

Вы не сможете одновременно ходить в помазании и непочтительно относиться ко власти.

Жизнь, наполненная Святым Духом, неизбежно изменит наше отношение к родителям, супругам, пасторам, наставникам, начальникам и правительственным чиновникам. Мы не сможем одновременно бунтовать против власти и ходить в Святом Духе. Это не проявление Святого Духа, а влияние дьявола. Дьявол — бунтарь. Когда человек, обладающий властью, отдает указание, внутри нас часто возникает внутренний протест. Мы не можем дать дьяволу место в своей жизни и должны искренне покаяться. Гордость и бунт — именно они стали причиной, по которой сатана был изгнан с небес. Помните, что дьявол был низвергнут не за наркотики или просмотр порно, падению предшествовало высокомерие и гордыня. Мы часто осторожны относительно грехов, которые могут спровоцировать публичный скандал, довести до тюрьмы, изгнания из церкви или потери лидерского положения. Однако мы терпимо относимся или оправдываем грехи, за которые дьявол был низвергнут с небес, такие как эгоизм, раздутое самомнение и чувство того, что тебе все должны, — а все это как раз и лежит в основе большинства проблем с властью.

Наш Спаситель Иисус Христос ходил в послушании Своим земным родителям, прежде чем начать ходить в силе Святого Духа. Хождение под властью предшествует хождению в помазании. Запомните это! Бог хочет, чтобы мы подчинялись благочестивой власти, чтобы развить наш характер и подготовить к жизни под Его властью. Как мы можем подчиняться Богу, Которого не видим, если не готовы подчиняться поставленной Им власти, которую видим?

Хождение под властью предшествует хождению в помазании.

Наше отношение к начальствующим больше говорит о нас, чем о них. Люди склонны оправдывать свое плохое отношение к власти, когда считают, что те недостойны уважения. «Посмотрите, что они сделали или сказали» — утверждают они. Но наше почтение не должно зависеть от того, как к нам относятся начальствующие; мы просто должны проявлять уважение. Это вопрос нашего отношения, а не их действий.

Однако это не означает, что нам следует слепо следовать за своими родителями и пасторами, если их действия идут вопреки Божьей воли. В таком случае, мы не проявляем непочтительность к Божьей власти, а оберегаем свою верность Богу.

Или же если мы сталкиваемся со злоупотреблением власти или духовным притеснением со стороны лидеров, которые вредят нашей душе, контролируют или приводят к потере нашей индивидуальности, то будет лучше держаться подальше от таких лидеров. Давид так и поступил с Саулом: когда Саул бросал в него копья, Давид отдалился, но не поносил Саула. Он ушел из дворца и стал беглецом. Но отдаление от Саула не вызвало у него ненависти или восстания против царя. Отдаление и неуважение — это совершенно разные вещи.

Ваше отношение к власти больше говорит о вас, чем о них.

Для большинства из нас в основе неуважения к властям лежит уязвленное самолюбие, завышенная самооценка и гордыня. Когда Ной напился, его сын стал насмехаться над ним, и это повлекло за собой проклятие. Обратите внимание, что в Новом Завете Ной предстает как праведник, а вот непочтительность со стороны его сына рассматривается как зло. По нашей шкале грехов пьянство воспринимается более серьезно, чем неуважение к родителям, особенно если те не соответствуют нашим стандартам. Большинство из нас не имеет проблем с алкоголем, а вот

неуважение к старшим часто остается неза-
меченным или воспринимается как обычная
часть жизни. При этом мы не всегда осознаем,
что такое поведение может навлечь проклятие на нашу жизнь.

Когда мы ходим в Святом Духе, то уважаем
тех, кто поставлен над нами, даже если они
несовершенны. Если мы узнаем о недостатках своих родителей, лидеров, работода-
телей или правительства, нужно научиться
первым делом покрывать их в молитве, а не
распространять критику и слухи. Научитесь
держать свое мнение при себе. Если эти
проступки совершают лидеры церкви, мы
должны сначала поговорить с ними наедине,
в духе любви, кротости и благодати.

**Нам нужно научиться
покрывать недостатки
наших лидеров в молитве,
а не критиковать их,
распуская слухи.**

Сестра Моисея, Мариам, упрекала его по
уважительной, по ее мнению, причине: он

взял в жены чужестранку. Мариам считала себя вправе осуждать брата, поскольку считала его поведение лицемерным. Но Бог так не считал: в наказание за такое отношение Мариам заболела проказой. Эта история всегда вызывала у меня недоумение, так как я думал, что проказа должна была поразить Моисея. Однако Божьи пути выше наших. Урок, который я извлек, заключается в том, что мне должно почитать тех, кто во власти, даже если они не совершенны в моих глазах. Мое отношение к ним больше говорит о моем характере, чем об их недостатках.

Одна из десяти заповедей гласит: «Почитай отца своего и мать свою». В ней не сказано, что их нужно почитать только в том случае, если они добрые христиане. Также не сказано, что нужно *подчиняться* отцу и матери, а сказано *почитать* их. Подчинение и почитание отличаются. Подчинение — это действие, а почитание — это отношение. Быть в послушании — хорошо и правильно, но почитание приносит награду.

Дети должны всегда почитать своих родителей и слушаться их, пока они живут под их кровом. Жены призваны почитать своих мужей, а мужья — любить своих жен (см.: Колоссянам 3:18-24). Мы должны ходить в партнерстве с нашими пасторами и наставниками, а также почитать сотрудников правоохранительных органов и представителей власти.

Апостол Петр сказал: *«Всех почитайте, братство любите, Бога бойтесь, царя чтите»* (1 Петра 2:17). Неужели стоит почитать римского императора? Почитать того, кто убивал христиан? Ранняя церковь жила с таким пониманием, что почитание больше говорит о них самих, чем о тех, кого они должны были почитать. Печально видеть, как наша молодежь сегодня, бунтари и демонстранты называют полицию «свиньями». И стыдно слышать, как многие позволяют называть президента всевозможными уничижительными словами. Люди, которые так поступают, потом удивляются, почему их дети не слушаются и не воспринимают того, что им говорят. Если мы сеем непочтительность, то пожнем поношение. Святой Дух не приемлет таких подходов. На самом деле один из признаков того, что мы не исполнены Святым Духом, — это отсутствие у нас почтительности или недостаточное уважение к начальству и властям.

Если мы сеем непочтительность, то пожнем поношение.

Две книги, которые сильно повлияли на мое понимание власти и авторитета — это «История трех царей» Джина Эдвардса и «Под покровом» Джона Бивера. Я старался почитать своих родителей и слушаться их, а также своего пастора. Не стану обманывать, временами мне было трудно уважать пастора. Да, он был моим наставником, но мое эго порой видело в нем мучителя. Проявлялось мое самомнение и неуверенность в себе. Когда мое служение стало расти, начала расти и моя гордыня. Ко мне приходило все больше и больше приглашений приехать и послужить, и я начал все больше разочаровывался в том, что говорил мой пастор.

Мне стыдно признаться, но я чувствовал, что духовно «перерос» своего пастора. Я думал, что мне необходимо найти кого-то более влиятельного и духовного, кто поможет мне идти дальше. Затем Святой Дух сильно обличил меня: именно так и зарождается гордыня. Он напомнил мне, что пророк Самуил не был царем, но помазал двух царей; у Марии и Иосифа не было служения, но Иисус подчинился им; Илий не был пророком, но помог Самуилу услышать голос Бога. Дух Божий сказал мне, что если я умру для своего завышенного самомнения и смирюсь, то Он будет Сам распространять мое служение и защищать меня в процессе этого. С того момента я решил финансово поддерживать своего пастора — не как подкуп, а как акт почитания. Мое сердце изменилось по отношению к нему, и наши взаимоотношения переросли в дружбу. Я буду продолжать это делать до тех пор, пока он жив. Я решил почитать его, потому что хочу ходить в тесном контакте со Святым Духом.

Мы должны объединяться с властью, а не бороться с ней. Почитание власти, поставленной в нашу жизнь, показывает, что мы почитаем Святого Духа. Помните, мы не можем ходить во власти, если восстаем против власти.

ПРИЗНАК 6.
МЫ БУДЕМ МИЛОСЕРДНЫ К ВРАГАМ И НЕ БУДЕМ НАПАДАТЬ НА БЛИЗКИХ

Когда Святой Дух еще почивал на Сауле, тот пощадил своих врагов.

Тогда сказал народ Самуилу: кто говорил: «Саулу ли царствовать над нами»? дайте этих людей, и мы умертвим их. Но Саул сказал: в сей день никого не должно умерщвлять, ибо сегодня Господь совершил спасение в Израиле.

1 Царств 11:12-13

В тот период жизни царь Саул был добрым, прощающим, исполненным сочувствия даже к своим недругам. Это признак жизни, исполненной Духа. Но после того, как Святой Дух ушел из его жизни, Саул стал преследовать, чтобы убить своих прежних друзей и членов семьи. После первой победной битвы Саула народ подошел к Самуилу и захотел предать смерти мятежников, которые изначально роптали на Саула. Заслышав их слова, Саул велел никому не причинять вреда. Сравните это с тем, что произошло после того, как Дух Божий отошел от Саула и тот стал безжалостно преследовать Давида, своего зятя, мужественного человека, который ради него нередко рисковал жизнью.

Святой Дух помогает нам не рубить с плеча в ответ на негативные комментарии или поступки людей, а сделать паузу, помолиться и ответить по-христиански. Наполняя нас, Святой Дух дает силу справиться с негативными чувствами, когда нас критикуют, атакуют, компрометируют и игнорируют. Мы, как и все люди, склоны к тому, чтобы давать отпор, защищать свое имя и ввязываться в какие-то баталии, до которых нам не должно быть никакого дела. Это — *реакция плоти*. Без Святого Духа мы по-плотски реагируем на боль, причиняемую нашими притеснителями. Но когда мы наполнены Святым Духом, наша реакция направлена на то, чтобы угодить Богу, несмотря на боль и критику.

Овцы не лают на собак, которые лают на них. И мы, подобно агнцам, не призваны лаять в ответ. Если мы постоянно «лаем» в ответ, то ведем себя, как собаки, а не как агнцы. Но это не значит, что мы должны играть роль жертвы и позволять другим унижать нас. В таких ситуациях мы делаем паузу и отвечаем по-христиански. Ни Иисус, ни Давид не отвечали на нападения критики. Саул, будучи исполненным Духом Божьим, также не отвечал ударом на удар. Хотя он имел власть отомстить мятежникам и уничтожить их, он проявил милосердие. Именно так Святой Дух действует в нас — Он смягчает наши сердца по отношению к другим, особенно когда те начинают нападать на нас.

ПРИЗНАК 7.
МЫ БУДЕМ ВЕДОМЫ МИССИЕЙ, А НЕ РУКОВОДСТВОВАТЬСЯ АМБИЦИЯМИ

Когда Святой Дух сошел на Саула, он отправился спасать город. Когда же Святой Дух оставил Саула, он стал стремиться спасать свой титул. Святой Дух дан нам, чтобы помочь нам исполнить поручение Иисуса — проповедовать Евангелие всему миру.

...но вы примете силу, когда сойдет на вас Дух Святый; и будете Мне свидетелями в Иерусалиме... и даже до края земли.

Деяния 1:8

Дух Божий изливается не для того, чтобы сделать нас богатыми или знаменитыми.

Без Святого Духа мы становимся одержимы статусом, титулами и званиями.

Со Святым Духом мы заботимся о Его призвании, цели и миссии.

Без Святого Духа взгляд человека постоянно обращен внутрь себя: он становится мелочным, требовательным, легко обижается, чрезмерно подозрителен, завистлив, живет ради похвалы людей, готов сдаться при малейшем порицании и часто обвиняет других.

Со Святым Духом люди исцеляют больных, изгоняют бесов, спасают заблудших, изменяют мир к лучшему и не обращают внимания на то, что о них говорят люди.

КАК НЕ ПОСТУПАТЬ,
КАК ПОСТУПАЛ САУЛ

История царя Саула не оставляет меня равнодушным. Она стала для меня ярким предостережением того, как жить не надо. Я перечитывал ее множество раз, и, честно говоря, замечаю в себе некоторые из наклонностей и искушений Саула. Вчитываясь в его историю, я вижу, как может складываться жизнь, если воспринимать Святого Духа как нечто само собой разумеющееся и идти по пути компромисса. Вот о чем я стараюсь не забывать, чтобы оставаться в гармонии со Святым Духом.

1. ПЛАТИТЬ ЦЕНУ ЗА ПОСТОЯНСТВО В СТРЕМЛЕНИИ К БОГУ

Саул начинал хорошо, но не платил цену за то, чтобы продолжать хорошо.

*И сказал Самуил Саулу: худо посту-
пил ты, что не исполнил повеления
Господа, Бога твоего, которое дано
было тебе, ибо ныне упрочил бы Господь
царствование твое над Израилем на-
всегда; но теперь не устоять царство-
ванию твоему...*

1 Царств 13:13-14

Стремление должно сочетаться с упор-
ством, чтобы нам оставаться последователь-
ными. Апостол Павел говорит, что надлежит
быть выносливыми в этой гонке: «...свергнем
с себя всякое бремя и запинающий нас грех и с
терпением будем проходить предлежащее нам
поприще...» (Евреям 12:1). Не сворачивайте с
пути. Преданно уделяйте время Господу. Не
меняйте ни на что это драгоценное общение
с Ним. Продолжайте молиться, поститься и
жертвовать. Ожидайте Господа. Помните,
что самой первой большой ошибкой Саула
было то, что он не дождался Самуила. Он
начал действовать раньше, чем прибыл его
духовный наставник. В результате Бог вме-
шался и сказал Саулу, что он более не может

быть царем, потому что не захотел ждать. Бог нашел кого-то, кто не был лучшим лидером, лучшим бойцом или даже лучшим царем, а лучшим человеком. Что же особенного было в человеке, которого нашел Бог, чтобы заменить им Саула?

...Господь найдет Себе мужа по сердцу Своему...

1 Царств 13:14

Бог нашел того, кто был по Его сердцу. Саул не стремился к Богу и не искал Его. Дело не в том, что грех Саула был так уж огромен; его стремление к Богу было ничтожным. Главной чертой Давида было то, что он стремился к Божьему сердцу. Давид не был совершенным, он был ревностным. Он стремился к Богу и не был пассивен в отношениях с Ним. Давид совершал грехи, но он молился: «*...Духа Твоего Святого не отними от меня*» (Псалом 50:13). Давид всегда возвращался к Богу.

Если бы Саул искал Святого Духа так же фанатично, как преследовал Давида, Бог проявил бы к нему милость. Вместо этого Саул просто помешался на погоне за Давидом. Если бы он так же гнался за Духом Господним! В итоге Бог не позволил ему схватить Давида. Если мы перестанем бежать к Богу и стремиться к Нему, все наши усилия не принесут плодов. Ищите Святого Духа. Следуйте за Ним. Если упадете, стремясь к Нему, встаньте и воззовите к Господу, подобно Давиду, но не отпускайте Бога. Идите за Его сердцем. Бог награждает тех, кто ищет Его, и благословляет жаждущих праведности (см.: Евреям 11:6; Матфея 5:6). Он ищет не совершенных, а страстно жаждущих Его Самого.

Когда Святой Дух оставил Саула, тот не покаялся, — ему было все равно. Возможно, потому что, потеряв помазание, Саул не утратил своего титула. Очевидно, что он не чувствовал отчаянной нужды в Боге. Когда вы игнорируете Святого Духа, то не теряете своего предназначения или призвания, но потеряете помазание. Без помазания ваше призвание станет вашим же кладбищем. И Саул, и Самсон утратили помазание Святого Духа, и оба погибли от руки врага, которого должны были победить.

Урок заключается в следующем: важно не хорошо начать, а хорошо добежать с Господом до финиша. Если вы потеряли свою первую любовь к Господу, то вспомните, где вы пали. Покайтесь, вернитесь и творите прежние дела для Него, как в те дни, когда вы были ревностны к Нему. Если можете вспомнить день, когда любили Господа сильнее, чем сегодня, значит, вы охладели. Вернитесь к Господу.

2. Оставайтесь малыми в своих глазах

И сказал Самуил: не малым ли ты был в глазах твоих, когда сделался главою колен Израилевых, и Господь помазал тебя царем над Израилем?

1 Царств 15:17

Обратите внимание на эту фразу: «*не малым ли ты был в глазах твоих*». Когда Бог помазал Саула, тот был настолько мал в собственных глазах и не достойным быть царем, что даже спрятался. Но когда пришли титул, слава и богатство, Саул возомнил о себе больше, чем есть, и стал самонадеянным. Это

привело к тому, что он потерял жажду к Богу.
И тогда Господь сказал:

*...жалею, что поставил Я Саула царем,
ибо он отвратился от Меня и слова
Моего не исполнил... Саул ходил на Кармил
и там поставил себе памятник...*

1 Царств 15:11-12

Ваше благосостояние не должно влиять
на вашу самооценку. Ваш статус не должен
влиять на вашу самооценку. Все это — Божьи
дары; вы должны оставаться смиренными,
жаждущими и святыми перед Господом.
Когда вы «никто», Бог становится всем.
А когда вы становитесь большим в своих
глазах, Бог становится маленьким в вашем
сердце. Вот в чем опасность!

**Оставайтесь малыми в своих
глазах, когда Бог начинает
благословлять вас.**

Напоминайте себе о том, откуда Бог поднял вас. Мне нравится повторять: «Я — никто,

пытающийся рассказать всем о Том, Кто может спасти любого». Мартин Лютер сказал: «Бог сотворил человека из ничего, и до тех пор, пока мы ничто, Он может сделать из нас нечто».

Смирение не заключается в том, чтобы думать о себе меньше; а в том, чтобы думать о себе реже. Если вы остаетесь малыми в собственных глазах, Бог всегда будет большим. Оставайтесь смиренными. Оставайтесь жаждущими. Не увлекайтесь деяниями Божьими настолько, чтобы потерять интерес к Самому Богу. Сделайте Бога своей целью, а не просто средством достижения своих целей.

Смирение — это не думать о себе меньше, а думать о себе реже.

3. Ищите покаяния, а не облегчения

Покаяния не было в жизни Саула. Он придумывал множество оправданий и обвинял других, но так и не раскаялся. Саул просил прощения, чтобы только вернуть уважение пророка Самуила, однако во всем этом не было подлинного раскаяния.

Без смиренного, покаянного сердца просто невозможно оставаться в общении со Святым Духом. Если вы споткнетесь и упадете, вы всегда сможете подняться и вернуться к Господу, если покаетесь. Свиньи падают в грязь и наслаждаются ею, но овцы плачут, если оказываются в грязи. Если вам нравится грех, это явный признак того, что вы увлеклись нечистыми путями. Святой Дух не будет пребывать в такой среде. Грех разбивает сердце Бога, поэтому грех должен разбивать и ваше. У вас должно быть сокрушенное сердце, если ослушаетесь Бога.

Не ищите просто облегчения от греха, ищите покаяния.

Подобно Саулу, мы так часто ищем облегчения, а не покаяния. Мы хотим, чтобы Бог снял боль и чувство вины, а не изменил наше сердце и удалил грех в зародыше. Нам нравится говорить: «Прости меня», — а не: «Сделай меня послушным рабом Твоим,

Господи». Мы хотим, чтобы Бог устра-
нил симптомы нашего греха, а не сам грех.
Это огорчает Святого Духа. Он ожидает,
что с нашей стороны произойдет «пол-
ный разворот».

Саул, когда был терзаем нечистым духом —
Божьем сигнале покаяться, — позвал музы-
кантов отвлечь и музыкой успокоить его,
вместо того чтобы пригласить пророка и
молиться за освобождение. Царь, ставший
пленником своей паранойи, искал развле-
ния, а не освобождения. Его удовлетворяло
временное облегчение, но не глубокое покаяние. Не удивительно, что Святой Дух отверг
такого человека.

Боль и вина — это как мигающая лам-
почка на приборной панели вашего автомо-
биля, сигнализирующая о наличии проблемы.
Было бы нелепо просить электрика заменить
лампочку на приборной панели, вместо того
чтобы обратиться к механику и устранить
неисправность. Покаяние — это устранение
проблемы. Саул же переживал лишь моменты
облегчения, но его жизнь была полна муче-
ний. Я призываю вас никогда не перерастать

покаяние. Когда я читаю 50-й Псалом Давида о покаянии, то понимаю, почему Давид так понравился Богу. Давид не оправдывался и не обвинял никого. Он взял на себя ответственность за свой грех, плакал, умолял и обращался к Богу — к Механику, восстанавливающему людей. Саул же, напротив, оправдывался, обвинял других, и главной его заботой было не искать Бога, а следить за тем, чтобы не утратить титул и положение.

МОЛИТВА

Дух Святой, замени горечь моего сердца сладостью Твоей благодати.

Дух Святой, замени тьму внутри меня Твоим нежным светом.

Дух Святой, преврати темную ночь в моей жизни в светлый день Твоего присутствия.

Дух Святой, замени мой страх непоколебимой верой.

Дух Святой, замени безудержное беспокойство во мне великой уверенностью в Тебе.

Дух Святой, замени тревогу и напряжение во мне Твоим святым покоем.

Дух Святой, я буду продолжать покоиться в Твоих драгоценных объятиях и Твоем присутствии.

БЛАГОДАРИМ ВАС ЗА ЧТЕНИЕ!

Мы искренне надеемся, что эта книга принесла вам благословение. Чтобы помочь вам извлечь из этого послания как можно больше пользы, мы предлагаем учебное пособие и видеозаписи электронного курса, которые идеально подойдут для обсуждений в домашних группах.

Кроме того, вы можете воспользоваться планами чтения в приложении *YouVersion Bible App*, чтобы углубить свое изучение и сделать Божье Слово частью повседневной жизни.

Если книга оказалась для вас полезной, пожалуйста, оставьте отзыв на *Amazon* или *Goodreads* или поделитесь своими впечатлениями в социальных сетях. Это поможет другим людям узнать о книге и углубить свое познание Бога.

Для дополнительной информации и доступа ко всем нашим ресурсам посетите наш сайт: *pastorvlad.org/russian*

СТАНЬТЕ ПАРТНЕРОМ
СЛУЖЕНИЯ

Служение Владимира Савчука предлагает множество бесплатных библейских ресурсов, включая курсы, видеоуроки, планы чтения и книги, переведенные на более чем 12 языков. Мы также активно занимаемся гуманитарной деятельностью по всему миру, оказывая помощь нуждающимся.

Мы стремимся, чтобы люди во всех уголках мира узнавали об Иисусе Христе и углубляли свое познание Бога. Вы можете поддержать нас в этой миссии, став партнером служения. Для этого можете сделать одноразовое пожертвование или стать постоянным партнером.

Мы стремимся к тому, чтобы у каждого человека был свободный доступ к библейским материалам, и ваша поддержка поможет нам сделать это возможным. Для того чтобы узнать больше о видении и влиянии служения или сделать пожертвование, посетите наш сайт: *pastorvlad.org/donate*

ДРУГИЕ КНИГИ АВТОРА

Путь к свободе
Как обрести свободу и сохранить ее

От создания до свидания
Божественные принципы отношений, свиданий, брачного союза

Ответный удар
От освобождения к владычеству

Перезагрузка
Ускорение и прорыв с помощью поста

**Взаимоотношения
со Святым Духом**

Разведи огонь
Как преодолеть бури, преграды и духовные атаки

Пост
Руководство для начинающих

КАК НАС НАЙТИ

YouTube.com/c/ВладСавчук

Telegram: t.me/vladsavchuk

www.pastorvlad.org/russian

Если у вас есть свидетельство, связанное с данной книгой, пожалуйста, напишите мне на электронную почту:

vlad@pastorvlad.org

Информацию о книгах и учебных пособиях на русском языке, а также ссылки на аудио- и видеоресурсы на русском языке вы можете найти на сайте

www.pastorvlad.org/russian

www.ingramcontent.com/pod-product-compliance
Lightning Source LLC
Chambersburg PA
CBHW071539120626
46550CB00006B/2513